Deutsch

Anneli Billina

Ein neues Zuhause

LEKTÜRE FÜR JUGENDLICHE
MIT AUDIOS ONLINE

Hueber Verlag

Quellenverzeichnis:
Zeichnungen: Cornelia Seelmann, Berlin
Cover: © Thinkstock/iStock/gbh007

Einen kostenlosen MP3-Download zu diesem Titel finden Sie unter
www.hueber.de/audioservice.

Sprecherin: Annette Wunsch
Hörproduktion: Tonstudio Langer, 85375 Neufahrn bei Freising, Deutschland

5. 4. 3. | Die letzten Ziffern
2027 26 25 24 23 | bezeichnen Zahl und Jahr des Druckes.
Alle Drucke dieser Auflage können, da unverändert, nebeneinander benutzt werden.
1. Auflage

Umschlaggestaltung: Sieveking · Agentur für Kommunikation, München
Layout und Satz: Sieveking · Agentur für Kommunikation, München
Redaktion: Anna Meißner-Probst, Hueber Verlag, München
Druck und Bindung: Friedrich Pustet GmbH & Co. KG, Regensburg
Printed in Germany
ISBN 978-3-19-098580-7

Art. 530_25701_001_03

Inhalt

Das Hörbuch zur Lektüre und die Tracks zu den Übungen stehen als kostenloser MP3-Download bereit unter: www.hueber.de/audioservice.

Wer ist wer?

Sophia Papadakis

Niko Papadakis

Herr Papadakis

Frau Papadakis

Pauline

Alexander

Paulines und Sophias Reitlehrerin

Basti

Max

01 Kapitel 1: Neu in Deutschland

Ein großer Umzugswagen aus Griechenland steht vor dem neuen Haus von Familie Papadakis. Sophias und Nikos Vater hat eine neue Arbeit in Deutschland bekommen. Ab heute wohnt die ganze Familie in München.
Die Fahrt war lang, denn von Griechenland nach Deutschland ist es weit. Aber jetzt sind sie endlich da. Sophia und Niko laufen ins Haus. Wo sind ihre Zimmer?

Schau mal, Sophia! Mein Zimmer ist wirklich cool!

Ich komme gleich.

Sophia steht in ihrem Zimmer. Es ist groß, es ist schön, und es hat sogar einen Balkon!
Sie geht auf den Balkon. Überall sind Häuser. Es gibt nur wenige Bäume. Und es ist laut. Man hört viele Autos. Sophia seufzt. Ihr Zimmer in Griechenland war klein, aber das Fenster war immer offen, denn es war so ruhig. Nur das Meer hat sie gehört, und manchmal einen Hund oder einen Hahn.

Niko kommt auch auf den Balkon.

---

der Umzugswagen: großes Auto; bringt Möbel ins neue Haus

seufzen: leise z. B. „Oje!" sagen

der Hahn: → Bild 3, S. 13

Das ist toll hier, Sophia! Auf den Straßen kann ich endlich richtig skaten!

Du bist doch zu Hause auch Skateboard gefahren.

Ja, aber das war schwer. Die Straßen waren nicht gut.

Am nächsten Tag fahren die Kinder in die Schule, die Albert-Einstein-Realschule. Sophia hat schon in Griechenland Deutsch gelernt. Sie geht in die siebte Klasse und Niko in die fünfte. Er hatte noch nicht so lange Deutsch, aber will es auch in einer deutschen Schule probieren.
Ihr Vater bringt sie zur Schule. Zuerst fahren sie mit dem Bus und dann mit der U-Bahn. Überall sind so viele Menschen!

Papa, den Weg finde ich nie alleine!

Doch, Sophia. Du lernst das schnell, ich bin sicher!

Wo ist das Problem, Schwesterchen?! Wir beide können das zusammen!

Niko ist glücklich, denn er findet die Stadt interessant. Zu Hause in Griechenland, auf der Insel, war es viel langweiliger!

---

skaten, das Skateboard: → Bild 4, S. 22

02 # Kapitel 2: Die neue Klasse

Niko trägt heute seinen neuen Skaterpullover und seine alten Skaterschuhe. Er liebt diese Schuhe und sagt immer: „Sie bringen mir Glück!"
In seinem neuen Klassenzimmer kommt gleich ein Junge zu ihm:

Basti geht mit Niko zu einem anderen Jungen.

---

der Skater: → Bild 4, S. 22 stark: hier: = toll

Da kommt die Lehrerin und die Kinder suchen ihre Plätze. Niko ist glücklich. Schon hat er zwei neue Freunde gefunden!

***

Sophia ist traurig. Sie bleibt ein bisschen vor ihrer Klassentür stehen. Sie möchte lieber wieder in ihrer alten Klasse in Griechenland sein. Da kommen zwei Mädchen.

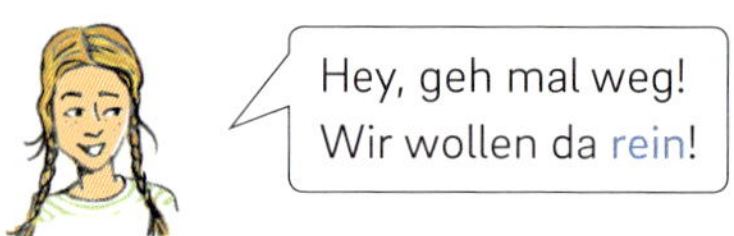

Langsam geht Sophia in das Klassenzimmer. Alle sprechen, keiner schaut sie an.
Hinten ist ein Platz für Sophia frei.

Der Lehrer kommt und liest alle Namen vor. Nur Sophia ist neu in der Klasse. Der Lehrer stellt Sophia vor. Sie muss aufstehen, denn alle sollen die Neue sehen.

Das ist furchtbar, denn viele Mädchen kichern. Sophia möchte am liebsten nach Hause.

---

rein: in das Klassenzimmer

kichern: → Bild 1, S. 9

am liebsten: sie wünscht sich das sehr

In der Pause geht Sophia herum und hört den anderen Mädchen zu. Drei Mädchen sprechen über eine Fernsehserie. Sophia kennt diese Serie nicht. Andere sprechen über einen Popstar. Den kennt Sophia auch nicht. Die Mädchen sind alle sehr schick. Viele haben sich auch geschminkt. Das interessiert Sophia alles nicht. Die Jungen aus der Klasse kicken einen kleinen Ball über den Pausenhof.
Sophia geht zu einer Bank. Hier isst sie ihr Pausenbrot.

1

Da kommt ein Mädchen zu ihr.

Hallo Sophia, ich bin Pauline. So ein erster Tag in einer neuen Klasse ist nicht schön, gell?

Nein, gar nicht! Kennst du das denn?

---

herumgehen: von hier nach da gehen, ohne Plan

die Serie: eine Geschichte in vielen Teilen

Gell?: Nicht wahr?, Denkst du das auch?

Ja, ich bin letztes Jahr neu in die Klasse gekommen. Und ich habe eigentlich bis heute keine Freundin gefunden. Aber das macht nichts, ich habe ja meine Pferde!

Pferde? Reitest du?

Ja, es gibt einen schönen Reiterhof, nicht weit von hier. Möchtest du einmal mitkommen? Magst du Pferde?

Oh ja, ich mag Pferde sehr! Aber ich kann nicht reiten. Ich komme sehr gern einmal mit!

Mittags holt die Mutter Niko und Sophia von der Schule ab. Niko erzählt begeistert von seinen neuen Freunden.

Und, Sophia? Wie war der erste Tag bei dir?

Die Mädchen waren alle nicht nett zu mir. Alle waren so schick und geschminkt. Nur ein Mädchen ist anders. Sie heißt Pauline, und ich glaube, sie ist sehr nett.

---

das Pferd, reiten, der Reiterhof: → Bild 3, S. 13

begeistert: sehr froh

Das ist schön. Dann hast du ja auch eine Freundin gefunden.

Vielleicht. Sie reitet und hat gesagt, ich darf zum Reiterhof mitkommen!

Nein, Sophia, das geht nicht. Pferde sind viel zu gefährlich. Und sie stinken.

Aber, Mama! Sie können gar nicht gefährlich sein! Viele Leute reiten!

Aber die Freundin von Tante Magda ist einmal vom Pferd gefallen, auf den Kopf. Jetzt hat sie ihr Leben lang Kopfschmerzen.

Bitte, Mama! Ich möchte nur ein Mal zum Reiterhof mitkommen!

Die Mutter seufzt.

Wir fragen heute Abend Papa.

---

gefährlich: etwas ist schlecht, macht krank, bringt Probleme

stinken: nicht gut riechen

03 Kapitel 3: Der Reiterhof

Spät abends kommt der Vater nach Hause. Er ist müde, aber die Kinder wollen von ihrem ersten Tag in der Schule erzählen. Sophia möchte so gern am Wochenende mit Pauline zum Reiterhof fahren.

Bitte, Papa, ich möchte ein Mal mit Pauline mitkommen!

Na gut, Sophia, ein Mal. Aber geh nicht zu nah zu den Pferden! Und Niko kommt auch mit. Du sollst nicht alleine auf den Reiterhof fahren.

Oh, Papa, muss das sein?

Ja, das muss sein. Oder Sophia darf nicht fahren.

Okay ... Aber wir bleiben nicht lang!

Sophia ist sauer. Sie will ihren kleinen Bruder nicht mitnehmen! Aber es muss wohl sein.

Am nächsten Tag geht Sophia nicht gerne in die Schule. Dort sind alle blöden Mädchen. Aber sie sieht auch Pauline wieder! Das ist schön.

---

nah: kurze Distanz, nicht weit weg

Du kommst mit! Toll! Ich treffe dich am Samstag um zwei Uhr an der Bushaltestelle, ja? Dann fahren wir zusammen zum Reiterhof.

Aber mein kleiner Bruder kommt auch mit. Mein Papa will das so.

Das macht doch nichts! Es gefällt ihm sicher auch.

Am Samstag scheint die Sonne. Der Weg zum Reiterhof ist nicht weit. Die Kinder fahren 15 Minuten mit dem Bus. Um den Reiterhof herum sind große Koppeln. Dort stehen viele Pferde und fressen Gras.

Pauline hat gleich Reitstunde. Heute darf sie ihr Lieblingspferd reiten. Es heißt Utango. Pauline nimmt das Stallhalfter und den Führstrick und geht zur Koppel.

3

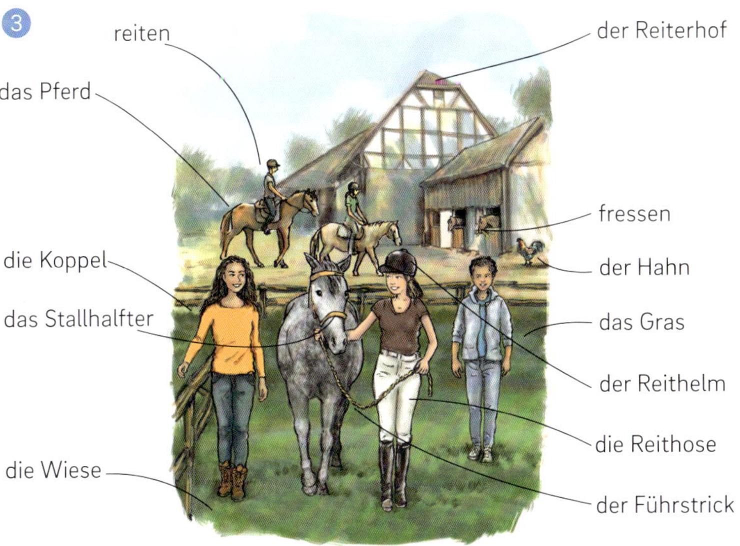

um ... herum:

Pauline ruft:

Utango, Utango, komm!

Und wirklich kommt Utango sofort zu ihr.

Schau, Sophia, das ist Utango!

Oh, der ist aber hübsch!

Vorsichtig legt sie ihre Hand auf den großen Pferdekopf. Niko möchte nicht so nah zu dem großen Pferd gehen.

Hey Sophia, geh weg von dem Pferd! Papa hat das verboten!

Ach was, sei still. Du siehst doch: Er ist ganz lieb!

Wie lange müssen wir denn noch bleiben? Ich will nach Hause. Meine Freunde warten und wollen mit mir skaten gehen!

Ihr seht doch bei meiner Reitstunde zu? Dann können wir auch wieder zusammen nach Hause fahren.

Klar, gern!

Niko ist sauer. Warum soll er hierbleiben? Pauline sitzt doch nur auf diesem großen Pferd. Das will er nicht sehen. Das ist langweilig.

---

rufen: sehr laut sprechen, oft über eine weite Distanz

Sei still!: Sprich nicht weiter!, Sei ruhig!, Psst!

Hör mal, Sophia, ich finde den Weg mit dem Bus auch alleine. Ich möchte zu Max und Basti, zum Skaten. Ich sage Papa nichts, und du auch nicht, okay?

In Ordnung. Ich sage nichts. Um fünf Uhr an der Bushaltestelle, ja? Dann gehen wir zusammen nach Hause.

Das ist ein wunderbarer Nachmittag für Sophia. Es ist ruhig auf dem Reiterhof, es riecht gut nach Pferden und alle sind freundlich zu ihr, auch Paulines Reitlehrerin.

Und du bist Paulines Freundin aus Griechenland?

Ja, ich heiße Sophia. Es ist so schön hier!

Liebst du Pferde? Vielleicht möchtest du ja auch einmal bei uns reiten!

Ja, sehr gern!

Aber für Sophia ist klar: Ihre Eltern erlauben das nie. Auf dem Weg nach Hause denken sie und Pauline nach. Was können sie tun?
Und dann haben sie eine Idee …

---

nachdenken: ein Problem haben und eine Lösung suchen

04 Kapitel 4: Viele Geheimnisse

Meine Eltern lieben auch Pferde, aber sie haben nie reiten gelernt. Deshalb darf ich viele Reitstunden nehmen, so viele ich möchte. Sie bezahlen das gerne.

Das ist schön. Meine Eltern haben Angst vor Pferden. Ich will so gerne reiten! Aber meine Eltern erlauben das nicht.

Müssen sie es denn wissen? Das kann doch auch unser Geheimnis sein ...

Wie kann das gehen?

Na ja, ich helfe oft auf dem Reiterhof. Dann bekomme ich immer einen Gutschein für eine Reitstunde. Diese Gutscheine schenke ich einfach dir! Und du sagst deinen Eltern, du besuchst mich und wir lernen zusammen Deutsch und machen Hausaufgaben.

Wirklich? Das machst du für mich? Das ist toll! Natürlich helfe ich dir dann auch bei der Arbeit.

Kein Problem. Aber du musst nicht helfen. Ich mache das wirklich gerne.

---

das Geheimnis: nur ein oder zwei Personen wissen das, aber keiner erzählt es

der Gutschein: man bekommt etwas und muss nichts zahlen

Aber ich habe keine Reithose und auch keinen Reithelm.

Ach was, ich habe eine alte Hose und auch zwei Helme. Die kannst du gerne haben.

Am Abend erzählen Sophia und Niko den Eltern vom Reiterhof. Die Eltern sind froh, denn Sophia sagt, sie möchte nicht noch einmal dorthin fahren. Sie will nur oft Pauline besuchen und mit ihr Deutsch lernen und Hausaufgaben machen.

Das ist gut, Sophia. Dein Deutsch kann noch besser werden. Und am Samstag gehen du und Niko dann in die griechische Schule. Ich habe euch heute angemeldet. Denn eure Muttersprache dürft ihr natürlich auch nicht verlieren.

Aber Papa! Wir müssen doch schon in der deutschen Schule so viel lernen!

Das ist ja nur ein Tag. Und dort trefft ihr viele andere griechische Kinder.

Wir sollen doch gut Deutsch lernen! Und deutsche Freunde finden!

---

die Reithose, der Reithelm: → Bild 3, S. 13

anmelden: man sagt: „Ich will kommen."

Ja, richtig. Aber ihr habt viel Zeit. Ihr könnt gut beides machen. Und du nimmst Niko zu Pauline mit, denn er muss noch besser Deutsch lernen!

Aber Papa! Was soll ich denn da bei den Mädchen? Ich will mit meinen Freunden skaten gehen!

Auf deinem Board spazieren fahren kannst du wirklich noch genug! Zuerst sollt ihr lernen, das ist wichtig. Dann habt ihr es später besser im Leben.

Aber ...

Schluss jetzt! Ich habe heute viel gearbeitet und bin müde. Keine Diskussion mehr.

Die Kinder gehen in ihre Zimmer.
Niko ist so sauer. Auf dem Board spazieren fahren! Sein Papa hat keine Ahnung. Das ist anstrengendes Training, die Jumps und Grinds zu lernen! Und nicht jeder kann das! Da kommt Sophia leise in sein Zimmer.

Niko?

Was willst du?

---

das Board: kurz für „das Skateboard"

anstrengend: etwas braucht viel Energie und macht müde

Jumps, Grinds: → Bild 4, S. 22

Mit dir reden. Aber kein Wort zu Mama und Papa, ja?

Okay.

Ich habe gesagt, ich will oft zu Pauline und mit ihr Deutsch lernen. Das stimmt nicht. Wir wollen zusammen reiten gehen.

Hey, das ist eine tolle Idee!

Ja – nein – schön ist das nicht, ich habe schon ein schlechtes Gewissen, aber ich möchte so gern reiten! Und Papa und Mama verstehen das einfach nicht.

Und ich? Soll ich dann immer mitkommen und auf dich warten? Das ist furchtbar langweilig!

Nein, du kannst doch in der Zeit skaten gehen. Dann treffen wir uns, wie letzten Samstag. Und dann gehen wir zusammen nach Hause.

Cooler Plan!

---

reden: sprechen

ein schlechtes Gewissen haben: man denkt: „Das ist nicht gut, das soll ich eigentlich nicht machen."

05

Kapitel 5: Ein neuer Freund und große Pläne

Sophia hat ihre ersten Reitstunden. Zuerst hilft Pauline, aber bald kann Sophia auch alleine ihr Pferd von der Koppel holen und es für die Reitstunde fertigmachen. Sie lernt schnell, und die Reitlehrerin lobt sie.
Bald führt sie auch alleine die anderen Pferde auf die Koppel oder bringt sie zurück in ihre Boxen.

Einmal holt sie ein sehr junges Pferd von der Koppel. Es ist nervös, will weglaufen und Sophia kann es nicht mehr halten. Es läuft bis zur nächsten Wiese. Dann bleibt es stehen und frisst. Ein großer Junge kommt, geht langsam und vorsichtig zu dem Pferd und nimmt es am Führstrick. So ein Glück! Es ist nichts passiert!

Efkaristo!

Parakallo!

Oh, Entschuldigung! Jetzt habe ich nicht aufgepasst und Griechisch gesprochen, denn ich war so aufgeregt. Aber warum kannst du Griechisch? Kommst du auch aus Griechenland?

---

loben: jemand sagt: „Das hast du gut gemacht!"

die Box: dort schlafen Pferde und bekommen ihr Essen

nervös, aufgeregt: ↔ ruhig

die Wiese: → Bild 3, S. 13

Nein, aber ich war letzten Sommer in den Ferien in Griechenland. Da habe ich die wichtigsten Wörter gelernt. Woher kommst du denn?

Alexander kennt Sophias kleine Heimatstadt.
Das ist schön. Endlich kann Sophia mal wieder über Griechenland sprechen. Die beiden reden lange.
Da ruft Pauline.

Sophia! Sophia, komm!

Oje! Es ist schon spät, ich muss schnell mit Pauline nach Hause!

Kommst du morgen? Ich bin eigentlich jeden Tag hier. Wir sehen uns, ja?

Gern! Bis morgen!

Sophia ist aufgeregt. Alexander ist nett – und gefällt ihr!

***

4

Der große Platz vor dem Nationaltheater ist super zum Skaten. Es gibt verschiedene Stufen und Treppen. Da können Niko und seine Freunde ihre Jumps und Grinds üben.

Heute kommt Basti ganz aufgeregt zu seinen Freunden. Er hat eine Anzeige gesehen. In einem Monat ist ein Skateboard-Contest.

Hey, Jungs, wollen wir da mitmachen? Es gibt tolle Preise!

Kann sich da jeder anmelden?

Ja. Man muss wenigstens die wichtigsten Tricks können, dann darf man mitmachen.

der Contest: alle zeigen schwierige Übungen, der Beste gewinnt

der Preis: ein Geschenk für den Gewinner

der Trick: eine schwierige Übung mit dem Skateboard

Denkst du, ich kann da auch mitmachen? Bin ich gut genug?

Klar, Niko! Wir üben jeden Nachmittag bei der Theresienwiese, dann sind wir die Besten! Wir bekommen sicher einen Preis!

Was kann man denn gewinnen?

Der erste Preis ist ein super Board, und dann gibt es noch Klamotten von guten Skatermarken.

Die Jungen wollen sich morgen anmelden. Niko möchte so gern einen Preis gewinnen. Einmal will er von seinem Vater hören: Das hast du super gemacht, Niko! Du bist ein toller Skater!

---

die Klamotten: Kleidungsstücke (Umgangssprache, Jugendsprache)

die Marke: der Name von einer Firma; sie hat das Kleidungsstück gemacht

06 Kapitel 6: Was nun?

Sophia kommt aus der Schule und erzählt ihrer Mama vom Vormittag – auf Deutsch! Die Mutter lacht.

Siehst du, Sophia, dein Deutsch ist schon viel besser! Du lernst wirklich fleißig mit Pauline, das ist toll!

Ach, eigentlich nicht so fleißig ...

Sie hat ein schlechtes Gewissen. Ihre Eltern wissen nichts, das ist nicht schön. Aber was soll sie machen?

Auch Niko muss immer Lügen erzählen. Manchmal fällt er vom Skateboard und tut sich weh.

Oje, Niko! Was ist denn passiert?

Nichts, Mama. Ich bin nur beim Sportunterricht hingefallen.

Niko gefällt das auch nicht. Aber was soll er machen?

Auch heute Nachmittag ist Sophia beim Reiten und Niko mit seinen Freunden beim Skaten.
Sophia ist müde, sie hat letzte Nacht schlecht geschlafen. Aber heute darf sie Paulines Lieblingspferd reiten, Utango. Sie ist ein bisschen aufgeregt.

---

fleißig: jemand arbeitet viel

die Lüge: man erzählt etwas, aber es ist falsch

Utango hat viel Energie. Es macht Spaß. Aber dann läuft ein anderes Pferd schnell über den Hof. Utango hört das in der Reithalle und möchte mitlaufen. Er rennt los. Das passiert ganz schnell. Sophia kann sich nicht auf dem Pferd halten. Sie fällt herunter. Aua, das tut weh!

5

Sie ist auf den Rücken und auf den Kopf gefallen. Ihre Reitlehrerin kommt schnell.

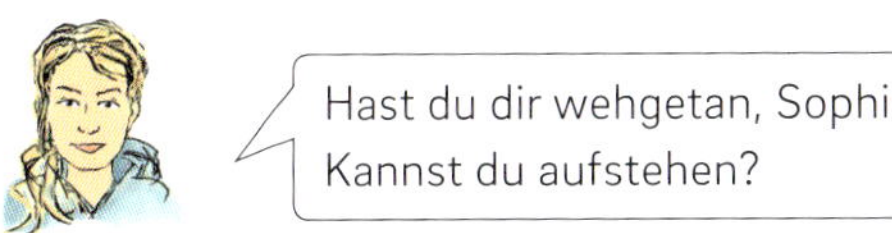

Sophia steht auf. Sie kann stehen, aber alles tut weh.

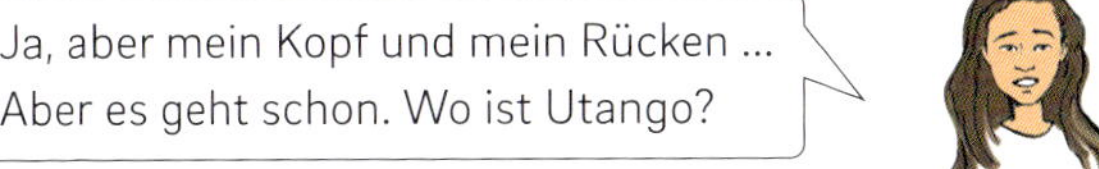

Das Pferd ist nicht weit weggelaufen. Schon kommt es langsam wieder zu Sophia. Da muss Sophia lachen.

Ich glaube, er möchte Entschuldigung sagen!

Das muss er auch! Kannst du weiterreiten? Weißt du, das ist wichtig. Nach einem Sturz muss man weitermachen. Dann hat man das nächste Mal keine Angst. Und das Pferd lernt auch keine dummen Sachen.

Schon sitzt Sophia wieder auf Utango. Es geht, aber ihr ist ein bisschen schlecht. Sie reitet lieber nur im Schritt. Nach der Reitstunde nimmt Alexander das Pferd und führt es in die Box. Er fragt immer wieder:

Ist alles in Ordnung, Sophia? Geht es dir auch wirklich gut?

Alexander macht sich Sorgen. Das gefällt Sophia. Die Reitlehrerin kommt und hat schon ihren Autoschlüssel in der Hand.

Komm, Sophia, ich fahre dich nach Hause.

Nein, das geht nicht! Ich meine, das müssen Sie nicht machen!

Doch, keine Widerrede. Ich bringe dich jetzt nach Hause.

---

der Sturz: wenn man von etwas herunterfällt

der Schritt: hier: ein Pferd geht langsam

sich Sorgen machen: man hat Angst

die Widerrede: wenn man Nein sagt

Kapitel 7: Alles aus?

Sophia kann nichts machen. Jetzt ist alles aus ...
Im Auto sagt sie kein Wort. Die Reitlehrerin denkt, das kommt sicherlich von dem Sturz.
Sie bringt Sophia zur Haustür. Sophias Mama öffnet.

Sophia! Wie siehst du denn aus? Was hast du denn für eine komische Hose an?

Guten Tag, Frau Papadakis. Machen Sie sich keine Sorgen. Sophia ist heute vom Pferd gefallen, aber es ist nicht viel passiert. Ihr Kopf und ihr Rücken tun nur ein bisschen weh. Ich denke, ein bisschen auf dem Sofa liegen und viel Ruhe, dann ist alles wieder gut.

Verstehe ich richtig? Sophia, du reitest?

Weinend läuft Sophia in ihr Zimmer und macht die Tür hinter sich zu. Sie will nichts mehr hören und sehen.

Wussten Sie nichts davon, Frau Papadakis? Sophia reitet zweimal die Woche, etwa seit sechs Wochen Und sie ist schon richtig gut! Sie bekommt doch immer die Gutscheine von Pauline. Das tut mir leid! Ich habe gedacht, alles ist klar. Sophia und Pauline sind ja zwei wirklich gute Freundinnen. Und beide haben so eine gute Hand für Pferde!

---

weinen: ↔ lachen

eine gute Hand haben für etwas: etwas gut können

Sophias Mama ist sprachlos. Was soll sie sagen?

Kommen Sie und ihr Mann doch mal mit! Es gefällt Ihnen sicher. Ihre Tochter ist schon eine tolle Reiterin! Und jeder fällt einmal vom Pferd, das ist einfach so … Ich denke, Fahrradfahren auf einer Autostraße ist gefährlich, aber Reiten nicht wirklich! Jetzt muss ich aber weiterfahren, meine Schüler warten.

Äh, ja, dann vielen Dank fürs Bringen …

Gern geschehen! Bis bald!

Leise öffnet Frau Papadakis die Tür von Sophias Zimmer. Sophia liegt auf dem Bett und weint. Ihre Mama nimmt ihre Hand.

Sophia, warum hast du das gemacht? Warum lügst du uns an?

Mama, ich liebe Pferde! Ich will so gern reiten! Alles hier in Deutschland ist wirklich nicht leicht für mich. Aber auf dem Reiterhof und mit Pauline ist es schön, da geht es mir gut!

sprachlos: keine Worte haben

anlügen: jemandem Lügen erzählen

Jetzt schlaf erst einmal ein bisschen.
Später sprechen wir mit Papa.
Wo ist eigentlich Niko?

Oje, Sophia hat ihren kleinen Bruder völlig vergessen! Er steht seit einer halben Stunde an der Bushaltestelle und wartet.

Er ist mit seinen Freunden beim Skaten. Sie üben doch für diesen Contest. Aber nicht böse sein, Mama! Das war alles meine Idee.

Sophia schreibt Niko eine Nachricht:

Hallo Niko, komm nach Hause. Mama weiß alles ... ☹

08 Kapitel 8: Kommt ihr mit?

Abends kommt Papa nach Hause. Er und Mama sprechen lange. Manchmal kann man Papas Stimme laut hören. Er ist sauer.
Sophia und Niko sitzen ganz still in ihren Zimmern.
Sie haben Angst. Ist jetzt alles zu Ende? Dürfen sie ihre Freunde nicht mehr sehen? Darf Sophia nicht mehr reiten, und darf Niko nicht mehr skaten gehen?

Dann rufen die Eltern.

Sophia, Niko, kommt ihr bitte mal?

Den beiden ist ganz heiß. Was passiert jetzt?
Langsam gehen sie ins Wohnzimmer.

Mama hat mir alles erzählt. Das ist gar nicht schön. Wollt ihr etwas dazu sagen? Warum lügt ihr?

Bitte entschuldige, Papa. Das Lügen gefällt uns bestimmt nicht. Aber das Reiten, der Reiterhof und Pauline sind mir so wichtig. Genauso wichtig wie Niko seine Freunde und das Skaten. Du hast das aber nie verstanden.

Ja, und du hast auch nicht zugehört. Du warst immer nur müde und hast gesagt: Keine Diskussion.

Vielleicht könnt ihr ja mal mitkommen? Wollt ihr euch den Reiterhof nicht einmal anschauen? Er ist so schön. Ich möchte ihn euch so gern mal zeigen. Und Reiten ist nicht gefährlich! Man muss Pferde kennenlernen. Dann weiß man, sie sind wirklich tolle Tiere!

Der Vater schaut Sophias Mutter an. Sie lächelt.

Na gut, Sophia. Dann zeig uns am Wochenende mal deinen Reiterhof. Aber das sagt noch nichts! Wir schauen uns erst einmal alles an. Dann sehen wir weiter.

Aber dann müsst ihr auch zu mir kommen! Du sagst immer, Papa, ich fahre nur auf dem Skateboard spazieren. Aber das stimmt nicht! Ich trainiere hart, das ist schwer, und nicht viele Jungen können meine Tricks! Am Wochenende ist der Contest. Da wollen Basti, Max und ich mitmachen. Bitte kommt doch und schaut es euch an! Das wird sicher toll!

Die Eltern lachen.

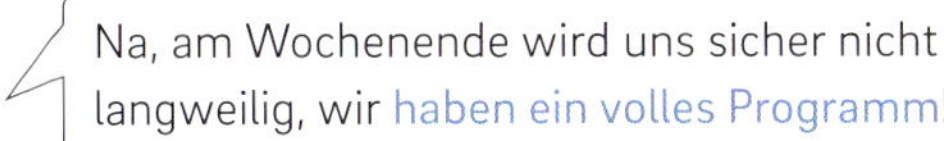

Na, am Wochenende wird uns sicher nicht langweilig, wir haben ein volles Programm!

---

ein volles Programm haben: viele Pläne haben

09 Kapitel 9: Geht alles gut?

Sophia ist aufgeregt. Heute wollen die Eltern zum Reiterhof kommen. Sie ist mit Pauline schon mit dem Bus vorausgefahren. Ihre Eltern kommen dann zur Reitstunde.

Die Reitlehrerin hat Sophia ein ganz liebes, altes Schulpferd gegeben. Sie meint, das ist gut für die erste Reitstunde nach ihrem Sturz. Und außerdem schauen ja auch die Eltern zu ...
Alexander ist auch schon da. Er kommt in die Box zu Sophia. Sie macht gerade ihr Pferd fertig.

Alexander nimmt ihre Hand in seine Hände und sieht ihr lange in die Augen.

---

vorausfahren: vor den anderen fahren

brav: lieb; jemand möchte etwas und man macht es sofort

Denk daran, Sophia: Du kannst es! Du bist eine gute Reiterin. Deine Eltern können das heute sehen. Und ich bin sicher: Nächsten Sommer reiten wir zusammen spazieren!

Und wirklich, Alexander hat recht. Sophia reitet sehr gut heute. Das Pferd und sie arbeiten wunderbar zusammen. Das Zuschauen ist eine Freude.

Weißt du was? Ich habe unsere Tochter noch nie so konzentriert gesehen.

Ja, und schon lange nicht mehr so zufrieden und glücklich ...

Tja, ich denke, wir haben kein Recht zu sagen: Reiten ist verboten. Was denkst du?

Ja, richtig. Es tut ihr gut, und nur das ist wichtig. So kommt sie in Deutschland an, findet Freunde und damit auch ein neues Zuhause.

Sophia sieht ihre Eltern sprechen. Sie lächeln ihr zu. Da springt ihr Herz vor Freude. Es gefällt ihnen!

---

recht haben: etwas Richtiges sagen

konzentriert: nur an eine Sache denken

zufrieden: wenn man denkt: „Alles ist gut."

lächeln: leise lachen, man ist glücklich

Noch an diesem Nachmittag melden die Eltern Sophia für den Reitverein an. Nun ist Sophia ein richtiges Mitglied und ist glücklich.

***

Für Niko ist an diesem Nachmittag das letzte Training vor dem Contest. Immer wieder übt er seine Tricks. Sein T-Shirt ist schon ganz nass.

Hör jetzt auf, Niko. Du bist sonst morgen ganz müde. Und morgen ist der wichtige Tag!

Du hast recht. Hoffentlich bin ich gut morgen ...

Klar, Kumpel! Das machst du schon!

---

der Verein: der Club

der Kumpel: guter Freund

10 Kapitel 10: Angekommen!

Alle sind da: Papa, Mama, Sophia, Pauline und Alexander. Niko sieht sie auf den Bänken und sein Herz schlägt schnell. Heute muss alles gut gehen ...

Da hört er seinen Namen. Er nimmt sein Board und geht zur Halfpipe. Jetzt ist nur noch sein Board wichtig, sein Board und er. Er hört nicht die Musik, er sieht nicht die Leute, im Kopf sind nur seine Tricks und Sprünge. Und ... los!
Die Halfpipe ist super, es macht Spaß. Und klack ... klack ... Alle Sprünge gehen gut. Soll er den letzten Freestyle-Trick noch probieren? Er hat ihn noch nicht oft geübt. Ach was, Risiko!
Niko wird schneller und schneller. Und jetzt – Sprung! Und – ja! Er steht sicher, das Board hat er in seiner Hand. Das Publikum klatscht laut. Bravo, bravo! Niko lacht. Das war so toll!
Er sieht zu seinen Eltern. Sein Vater ist von der Bank aufgestanden, er steht und klatscht. Niko winkt.

Glücklich kommt er zu seiner Familie und den Freunden. Basti und Max sind auch fertig, alles ist gut gegangen.

Na? Hat es euch gefallen?

Niko, du warst super! Ihr drei seid bestimmt die Besten, ganz sicher!

das Herz schlägt: das Herz macht tok – tok – tok ...

die Halfpipe: Platz für Skate-board-Tricks

klatschen: applaudieren

winken: eine Hand heben und so grüßen

Das hast du super gemacht, Niko! Du bist ein toller Skater!

Mama nimmt ihn in ihre Arme.

Ich bin stolz auf dich, Niko!

Niko ist glücklich. Das war sein Traum. Nun sehen alle: Er ist ein guter Skater!

Kommt doch alle heute Abend in unseren Garten! Wir grillen und machen ein Lagerfeuer. Habt ihr Lust?

Das ist eine tolle Idee! Vielleicht nach der Preisverleihung, so um sechs Uhr?

Natürlich, alle wollen kommen und ein bisschen feiern.

Pünktlich um sechs Uhr stehen die drei Jungen vor der Tür. Basti und Niko sind zusammen auf den ersten Platz gekommen!
Beide haben als Preis ein neues Skateboard bekommen und sind glücklich. Auch Max ist glücklich, sein Preis war ein Gutschein für einen großen Skaterladen.

---

stolz: die Mutter denkt: „Niko ist der Beste!"

grillen, das Lagerfeuer: → Bild 6, S. 37

die Preisverleihung: Geschenke für die Besten

der erste Platz: ist für den Besten

Nach dem Essen sitzen Sophia und Niko mit ihren neuen Freunden um das Feuer. Sie reden und lachen und denken: Jetzt sind wir hier wirklich zu Hause. Wie schön!
Alexander sitzt neben Sophia. Alle heben ihre Flaschen mit Apfelschorle und trinken auf die drei Gewinner vom Skateboard-Contest.
Alexander ergänzt:

... und auf unser neues Mitglied im Reitverein!

Dabei lächelt er Sophia an, legt seinen Arm um sie – und nimmt ihn nicht mehr weg.

6

zu Kapitel 1

1. Familie Papadakis in Deutschland: Ordne zu. Was passt?

langweilig • Bäume • Insel • Umzugswagen • seufzt

a Die Möbel von Familie Papadakis kommen in einem großen ....

b In der Stadt gibt es viele Häuser und nur wenige ....

c Sophia ...., denn sie möchte jetzt lieber in Griechenland sein.

d Niko findet: Das Leben in Griechenland auf der .... war manchmal sehr ....

11  2. Was kommt zuerst? Hör zu und ordne die Sätze.

a ◯ Niko sagt, hier kann er endlich richtig skaten.

b ◯ Sophia geht auf den Balkon, Niko kommt auch.

c ◯ Die Fahrt war lang, denn von Griechenland nach Deutschland ist es weit.

d ◯ Am nächsten Tag bringt der Vater sie zur Schule.

e ◯ Ab heute wohnt Familie Papadakis in München.

1. Was ist richtig? Kreuze an.

a Die Skaterschuhe bringen Niko Glück, denn sie sind neu. ○
b Basti will mit Niko und Max skaten gehen. ○
c Niko ist glücklich, denn er hat schnell Freunde gefunden. ○
d Sophia findet alle Mädchen in ihrer Klasse nett. ○
e Sophia setzt sich auf den freien Platz bei Pauline. ○
f Sophia muss aufstehen, denn alle sollen die neue Schülerin sehen. ○

2. Sophia und Pauline: Wer sagt was? Verbinde (siehe S. 9–10).

a So ein erster Tag in einer neuen Klasse ist nicht schön, gell?
b Kennst du das denn?
c Ich bin letztes Jahr neu in die Klasse gekommen.
d Ich habe eigentlich bis heute keine Freundin gefunden.
e Reitest du?
f Möchtest du einmal mitkommen?
g Oh ja, ich mag Pferde sehr!

zu Kapitel 3

1. Auf dem Reiterhof: Sieh das Bild an. Ergänze die Nomen mit Artikel.

a ....

b ....

c ....

d ....

e ....

f ....

g ....

h ....

i ....

2. Was passt? Ergänze die Sätze.

auf • aus • auf • von • bei • nach • zu • mit

a Die Pferde stehen .... der Koppel.
b Pauline ruft und Utango kommt .... ihr.
c Sophia möchte .... Paulines Reitstunde zuschauen.
d Pauline sitzt .... dem Pferd.
e Sophia, geh weg .... dem Pferd!
f Niko fährt .... dem Bus zurück.
g Sophia und Niko kommen abends zusammen .... Hause.
h Und du bist Paulines Freundin .... Griechenland?

12 1. Der Plan: Was ist richtig? Hör zu und ergänze die Sätze.

a Pauline darf ______________________, so viele sie möchte.

b Pauline hilft oft ______________________.

c Dann bekommt sie immer einen Gutschein ______________________.

d Pauline will Sophia die Gutscheine ______________.

e Sophia sagt ihren Eltern, sie lernt ______________ und macht ______________.

f Pauline schenkt Sophia eine ______________ und einen ______________.

2. Niko und Sophia: Was ist richtig? Kreuze an.

a Sophia und Niko sollen am Samstag
- ○ in die griechische Schule gehen.
- ○ auf den Reiterhof gehen.

b Sophia möchte
- ○ viele griechische Kinder treffen.
- ○ deutsche Freunde finden.

c Niko fährt mit seinem Board
- ○ viele anstrengende Tricks.
- ○ nur spazieren.

d Niko
- ○ soll immer mit Sophia auf den Reiterhof gehen.
- ○ kann mit seinen Freunden skaten gehen.

zu Kapitel 5

13 1. **Was kommt zuerst? Hör zu und ordne die Sätze.**

a ○ Ein großer Junge kommt und nimmt es vorsichtig am Führstrick.
b ○ Es ist nervös und Sophia kann es nicht halten.
c ○ Sophia holt ein junges Pferd von der Koppel.
d ○ Dann bleibt es auf einer Wiese stehen und frisst.
e ○ Zum Glück ist nichts passiert.
f ○ Es läuft weg.

2. **Viele neue Wörter: Was ist richtig? Kreuze an.**

a loben:
○ Jemand sagt: Das hast du gut gemacht!
○ Jemand sagt: Das darfst du.

b die Box:
○ Dort bekommt Sophia Reitstunden.
○ Dort schlafen die Pferde.

c die Wiese:
○ Dort fressen die Pferde Gras.
○ Dort fährt Sophias Bus nach Hause.

d aufgeregt:
○ Man denkt: Das ist furchtbar langweilig!
○ Man denkt: Hoffentlich passiert nichts!

e der Preis:
○ ein Geschenk für die Eltern
○ ein Geschenk für den Besten

f die Klamotten:
○ Das sind Schuhe.
○ Das sind Kleidungsstücke.

zu Kapitel 6

1. Probleme mit den Geheimnissen: Wer sagt was? Verbinde.

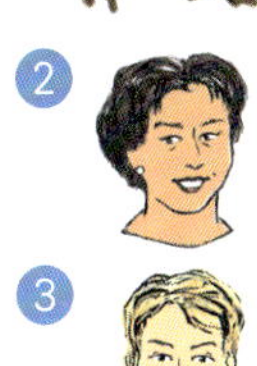

1
2
3

a Dein Deutsch ist schon viel besser!
b Ach, eigentlich nicht so fleißig ...
c Was ist denn passiert?
d Kannst du aufstehen?
e Aber es geht schon.
f Kannst du weiterreiten?
g Komm, ich fahre dich nach Hause.
h Nein, das geht nicht.

2. Wie ist das Lösungswort? Lies auf S. 24–26 nach und ergänze die Sätze.

a Mama denkt, Sophia lernt f .... Deutsch.
b Sophia ist auf den R .... und auf den Kopf gefallen.
c Alexander macht sich S ....
d Ich fahre dich nach Hause.
Keine W ....!
e Sophia reitet heute das Pferd U ....

Lösungswort: ....

zu Kapitel 7

1. Sophias Sturz: Ergänze die Sätze in der Vergangenheit.

a Sophia ist heute vom Pferd .... (fallen)
b Es ist aber nicht viel .... (passieren)
c Warum hast du das ...., Sophia? (machen)
d Sophia hat ihren kleinen Bruder .... (vergessen)

2. Nach dem Sturz: Markiere das falsche Wort. Wie heißt es richtig?

a Sophia sagt im Auto kein ~~Pferd.~~ Wort
b Sophia! Wie ziehst du denn an? ....
c Machen Sie sich keine Wochen. ....
d Weinend läuft Sophia in ihr Bett. ....
e Alles hier in Deutschland ist wirklich nicht weich für mich. ....
f Niko steht seit einer halben Woche an der Bushaltestelle. ....

3. Was machen die Personen? Antworte.

a Was macht die Reitlehrerin?
Sie fährt Sophia ....
b Was macht Sophias Mama?
Sie will später mit Papa ....
c Was macht Sophia?
Sie liegt .... und ....
d Was macht Niko?
Er .... und ....

1. **Ergänze die richtigen Adjektive.**

langweilig • heiß • laut • schwer • still • wichtig • langsam • müde • hart • gefährlich

a Papas Stimme ist ....
b Sophia und Niko sitzen .... in ihren Zimmern.
c Den beiden Kindern ist ganz ....
d Sie gehen .... ins Wohnzimmer.
e Für Sophia ist das Reiten und für Niko das Skaten sehr ....
f Am Abend war Papa immer so ....
g Man muss Pferde kennenlernen, dann sind sie nicht ....
h Niko trainiert .... auf dem Skateboard.
i Die Tricks sind wirklich ....
j Das Wochenende wird bestimmt nicht ....

2. **Was machen die Eltern am Wochenende? Was ist richtig? Kreuze an.**

a Sie schlafen, denn sie sind müde. ○
b Sie fahren zum Reiterhof, denn sie wollen reiten. ○
c Sie fahren zum Reiterhof und schauen Sophia beim Reiten zu. ○
d Sie schauen Niko bei dem Skateboard-Contest zu. ○

zu Kapitel 9

14

1. Hör zu und verbinde: Wer sagt was?

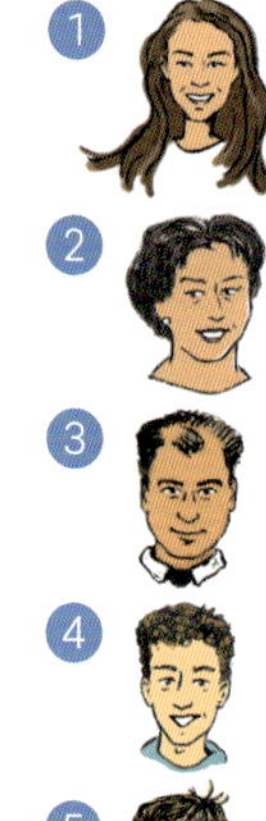

a Hoffentlich bin ich gut heute!
b Das machst du schon.
c Ich bin so furchtbar aufgeregt!
d Du kannst es!
e Ich habe unsere Tochter noch nie so konzentriert gesehen.
f Wir haben kein Recht zu sagen: Reiten ist verboten.
g Es tut ihr gut, und nur das ist wichtig.

2. Was ist das? Ergänze das richtige Wort.

a der gute Freund = ……………………
b der Club = ……………………
c etwas Richtiges sagen = ……………………
d nur an eine Sache denken = …………………… sein
e leise lachen = ……………………
f man denkt: „Alles ist gut." = …………………… sein
g lieb sein = …………………… sein
h vor den anderen fahren = ……………………

1. Der Skater-Contest: Was ist richtig? Kreuze an.

a Alle sind da:

○ Papa, Mama und Sophia.

○ Papa, Mama, Sophia, Pauline und Alexander.

b Niko sieht alle auf den Bänken und

○ sein Herz schlägt schnell.

○ sein Rücken tut weh.

c Niko hat

○ nur seine Tricks und Sprünge im Kopf.

○ nur die Musik und die Leute im Kopf.

d Niko springt gut und er

○ will nicht den Freestyle-Trick probieren.

○ will auch den Freestyle-Trick probieren.

e Er steht nach dem Sprung sicher und

○ das Board liegt neben ihm.

○ er hat das Board in der Hand.

15 2. Welches Wort passt? Hör zu und ergänze.

a Die Eltern sind .... auf Niko.

b Nach dem Contest steht Nikos Vater auf und ....

c Sie wollen .... und ein .... machen.

d Die Jungen kommen nach der ....

e Basti und Niko sind auf den ersten .... gekommen.

f Sie .... sich sehr über ihre neuen Skateboards.

LÖSUNGEN

Kapitel 1
1. a Umzugswagen, b Bäume, c seufzt, d Insel, langweilig
2. a 4, b 3, c 2, d 5, e 1

Kapitel 2
1. b, c, f 2. a 2, b 1, c 2, d 2, e 1, f 2, g 1

Kapitel 3
1. a das Stallhalfter, b die Koppel, c der Führstrick, d der Reiterhof, e fressen, f der Reithelm, g das Gras/die Wiese, h das Gras/die Wiese, i die Reithose 2. a auf, b zu, c bei, d auf, e von, f mit, g nach, h aus

Kapitel 4
1. a viele Reitstunden nehmen, b auf dem Reiterhof, c für eine Reitstunde, d schenken, e Deutsch ... Hausaufgaben, f Reithose ... Reithelm 2. a in die griechische Schule gehen, b deutsche Freunde finden, c viele anstrengende Tricks, d kann mit seinen Freunden skaten gehen

Kapitel 5
1. a 5, b 2, c 1, d 4, e 6, f 3
2. a Jemand sagt: Das hast du gut gemacht!, b Dort schlafen die Pferde. c Dort fressen die Pferde Gras., d Man denkt: Hoffentlich passiert nichts!, e ein Geschenk für den Besten, f Das sind Kleidungsstücke.

Kapitel 6
1. a 2, b 1, c 2, d 3, e 1, f 3, g 3, h 1 2. lügen

Kapitel 7
1. a gefallen, b passiert, c gemacht, d vergessen
2. b ~~ziehst ... an~~ siehst ... aus, c ~~Wochen~~ Sorgen, d ~~Bett~~ Zimmer, e ~~weich~~ leicht, f ~~Woche~~ Stunde 3. a nach Hause, b sprechen/reden, c auf dem Bett ... weint, d steht an der Bushaltestelle ... wartet

Kapitel 8
1. a laut, b still, c heiß, d langsam, e wichtig, f müde, g gefährlich, h hart, i schwer, j langweilig 2. c, d

Kapitel 9
1. a 1, b 5, c 1, d 4, e 2, f 2, g 3
2. der Kumpel, b der Verein, c recht haben, d konzentriert, e lächeln, f zufrieden, g brav, h vorausfahren

Kapitel 10
1. a Papa, Mama, Sophia, Pauline und Alexander, b sein Herz schlägt schnell, c nur seine Tricks und Sprünge im Kopf, d will auch den Freestyle-Trick probieren, e er hat das Board in der Hand 2. a stolz, b klatscht, c grillen ... Lagerfeuer, d Preisverleihung, e Platz, f freuen